시와 함께하는 여행

하늘의 은혜

프 / 롤 / 로 / 그

여행의 시작(詩作)

그동안 이웃나라 먼 나라를 두루 돌아다니며 참 많은 것을 보고 듣고 읽으며 써왔다.

독자들로 하여금 더 많은 공명 공감을 받았으면 좋겠지만 기대에 못 미치더라도 부족함은 메우고 넘치는 것은 흘려보내는 물결처럼 부드럽고 순하게 쓰려고 노력했다. 많은 지도와 호응을 희망한다.

/ 차례 /

프롤로그　　　　　　　3

1 가문의 위상

가문의 위상 / 손자에 이르노니　　14
꼰대로 늙지 않으려면　　15
내 고향 강진아　　16
강진만 갈대숲에서　　18
기우제　　19
개는 개, 사람은 사람　　20
거울 속에 비친 내 모습　　22
경복궁(景福宮)　　23
경찰관　　24
교동도 전망대에서　　25
꿈에 본 어머니　　26
길 위에서 만난 사람들　　27
어머니의 손맛　　28
귀천　　30

/ 차례 /

2 구산역 1번 출구

구산역 1번 출구	32
채희재 피부과의원	33
철마는 달리고 싶다	34
추석	36
청계천의 어제와 오늘	37
통곡의 미루나무	38
하버드 새벽4시반	39
파리 올림픽	40
프로야구	42
한가위	44
한가위 2	45

3 아내와 나

병원으로 출퇴근이다	48
이명(耳鳴)	49
봉창을 두드려주오	50
부부	51
라오스 사람들	52
사랑벌레	54
생일 유감	55
세상에 이런 일이	56
소이산 전망대	57
수락산	58
수학여행의 의미	59
시월	60
안팎을 뒤집어보면	61
아내에게 바치는 노래	62

/ 차례 /

4 꽃은 울지 않는다

꽃처럼 살리라	64
나라는 나다	65
나비의 꿈	66
뉴스(news)	67
노인복지관, 동아리	68
달래강의 유래	70
대왕산 용늪	71
대빈묘에서	72
도라산역에서	73
백두산 천지에서	74
뱀장어	75
백석동천(白石洞天)	76

5 애기봉 전망대

애기봉(愛妓峰) 전망대	78
어젯밤 꿈에	79
아름다운 글쓰기	80
억새의 노래	82
오늘이 있기까지	83
연미정(燕尾亭)에서	84
우산	86
운명은 주어지는 것	87
유월이 오면	88
월출산(月出山)	90
유튜브(youtube)	91
일기예보	92

/ 차례 /

6 우리나라 좋은 나라

우리나라 좋은 나라	94
학업 올림픽선수의 할머니	95
한글	96
하늘의 은혜	98
2월의 덕유산	99
3.1절	100
정의사회	101
자연의 순리	102
지나간 세월	104
지리산	105
지하철에서	106
집회 및 시위문화를 정착시키자	107
낙엽 따라 가버린 사랑	110
U. N의 날	111

7 금와보살

금와(金蛙)보살	114
산 목련	115
원진사(院津寺) 연꽃밭에서	116
인간과 종교	117
국교도 아닌데	121
진관사(津寬寺)	122
팔정도(八正道)	123
한로(寒露)	124
나 하늘로 돌아가리라	125
아름다운 이별	126
금쪽같은 내 새끼	127
경찰을 보는 국민의 눈	128
사랑과 영혼	129

에필로그	130
양희봉의 가계	131

제1부

•

가문의 위상

가문의 위상 / 손자에 이르노니

인생은 단거리가 아닌
백 년을 달려야 할 장거리경주가 아니던가.
세 살 버릇 여든까지 간다는 옛말처럼
어려서부터 신체단련을 충분히 하여
달리다 힘이 들면 중간 중간
한숨도 돌려야 하고
적당히 목도 축여가며 달려야 하지 않겠는가.

앞서간다 방심하지 말 것이며
조금 늦다 흥분은 금물
출발에서 결승까지
대를 이어가며 바통도 잘 주고받아
가문의 위상에 누를 끼치는 일은 아예 없어야 할 것이다

할아버지 부탁하노니
윗사람보다 아랫사람,
동성보다 이성을 조심하고
매사에 근면 성실한
모범시민이 되어야 할 것이다
가문의 영광을 위하여

꼰대로 늙지 않으려면

시들어 아름다운 꽃이 없듯이
검버섯 핀 잔소리를 좋아하는 사람도 없다

'나 때는 말이야'
어설픈 논리로
누구를 설득하려는가.

달려가는 세월에
따르지 못한 손 발짓
손 전화라도 제대로 쓸 줄 아는가.
젊은 사람들이
눈을 돌려도 서러워 말 것이다

(나의 애송시)
내 고향 강진아

우두봉 강진골에
해가 뜨면은
탐진 강물 흘러, 흘러
바다로 가네.

백년사에 동백꽃
이슬 맞고 피었네.
가우도 출렁다리
갈매기 춤을 추며
오는 사람 반겨주네

고려청자 도요지
저 바다를 바라보니
내가 사는 정든 고향
언제나 가고 싶은
어머님의 품속 같은
내 고향 정든 사람
구수한 사투리에
인정이 넘쳐흘러
아 아! 살기 좋은 내 고향

내 고향 강진아

까막 섬 밤바다에
노을이 지면
탐진강과 마량포구
정말 좋아요
옴천사에 천년 탑
돌아보니 깊은 밤
산새도 잠이 들고
강진만 가는 길목
만덕산에 노을 지고
코스모스 하늘하늘
갈대밭에 맺은 사랑
영원히 잊지 못해
새들에게 물어보자
꽃잎에게 물어보자
다산초당 정한수(石水)
내 사랑 어디 갔나.
언제쯤 만나려나.
살기 좋은 내 고향
내 고향 강진아

강진만 갈대숲에서

고향을 노래하면
마음이 아늑하고 피가 맑아진대요.
당신이 허전하고 기운이 처질 때
강진만 갈대숲을 혼자 걸으며
숨어 우는 바람 소리를 따라 불러보세요

두루뭉술한 만덕산을 바라보며
하얀 고니를 안아보면 어떨 가요
겨울에도 변함없이 갈대는
너와 나의 마음속 깊숙한 곳까지
제 소리를 들려주고 있잖아요.

그대 듣고 있는가.
황혼의 귀향길에 숨어 우는 바람 소리를

고향은 나에게 무엇이기에
이처럼 나를 눈물 나게 하는가.

기우제

온 나라가 물난리를 겪고 있는 대도
강릉에는 비 한 방울 내리지 않는다.

먹는 물, 빨래 물, 대소변은
어떻게 처리하라고

대관령 성황당에
기우제를 지내고

오봉저수지의
증발을 막기 위해

볏단을 덮으면
무슨 소용인가

사람이 하늘의 조화를 어찌할까
조용히 기다리는 수밖에

개는 개, 사람은 사람

생태공원 산책길에
줄지어 가는 유모차
얼마나 예쁜 아기가 타고 있을까
광채를 기대하며 살펴보니

10대 중에 유아는 2-3명
6-7이 반려 견으로
멀뚱히 앉아 사람을 살펴보고 있다

아이들은 평상시의 포대기
반려견의 깔개는 호사스런 고급 재료
생수 맛깔스런 간식거리까지
어느 귀빈 행차도 부럽지 않다

서너 발짝 멀다 하고 다리 벌려 오줌 누고
10발짝 못가 응가를 하지만
깨끗이 처리하는 사람 몇이 되지 않는다.

나만 좋으면 그만
이웃은 보이지도 않는 이기적인 행동
내 새끼는 낳지 않고
길고양이 개새끼를 상전으로 모신다.

개는 개, 사람은 사람
기르고 지켜주는 사이의 도덕
동방예의지국이란 칭호가 부끄럽지도 않은가
그리운 내 새끼

거울 속에 비친 내 모습

방 걸레질을 하다가
벽에 걸린 달력을 보니
올해도 반이 지나 7월이다
창밖에 나무들도 더위에 지쳤는지
축 늘어진 모습이 안쓰럽다

문득 내 모습은 어떤가.
시선이 자연스레 거울로 간다.

활짝 핀 백합처럼
싱그럽기만 하던 옛날의 그 모습은 어디로 갔나.
주근깨 검버섯이 다닥다닥
추하게 늙은 어느 노인을 보는 것 같다
다리가 굳어져 움직일 수가 없다

내 나이 아직 88인데
울컥하는 목울음에 눈시울이 뜨겁다

경복궁(景福宮)

나무가 없으면 산이 아니고
우거지지 않으면 숲이 아니다

부부가 한방에서 나뒹굴어야
애기를 낳고
애지중지 보살펴야 어른이 될 것이다

숲속을 여기저기 해 메던
특별한 나무꾼 도편수(都片手)가
아름드리 곧은 재목을 골라
태평성대의 궁궐을 짓고
자자손손 영원하기를
경복궁(景福宮)이라 이름하여
벌써 오천년의 역사가 흐르지 않았는가

경찰관

봉사와 질서 안녕
나라와 국민이 먼저다

살피고 다독거려 사고를 예방하고
위험 무릅쓰고 재난을 구한다

남이 즐길 때 긴장하고
남이 아플 때 더 아파야 한다

끝이 없는 근무
휴일과 비번은 예정일뿐

부르는 곳
언제 어디라도 달려간다

인연에 연연하지 않고
현장에 충실하다

독도 마라도 연평도 이어도
무궁화 삼천리

태극기를 곧게 세워
민족의 기상을 드높인다

교동도 전망대에서

노인은 know人이라 말하는 사람들
노인은 추억을 삼키며 살아간다 했습니다

고향 없는 사람 어디 있던가요

고향을 바라보면서도 가지 못하는
여기 이 사람들
언제나 고향의 참맛을 씹어볼 수 있겠습니까

꿈에 본 어머니

꿈이 먼저인가
그리움이 먼저인가
어머니의 제사상을 준비하다
잠깐 잠이 드는 순간

어머니는 법당에 앉아
조용히 반야심경을 음송하고 계셨다
마치 생시처럼

꿈속의 어머니는 부처님이셨다
꿈은 반드시 이루어지는 것인가
눈을 뜨니 새벽이다
나는 어머니의 신위(神位) 앞에 코를 박고 있었다

길 위에서 만난 사람들

비록 자원봉사지만
일터로 나갈 때
버스, 지하철, 택시 기사님
고맙습니다.

쑤시고, 아프고, 어지럼을 호소하러
병원에 가면
반갑게 맞아주는
간호사님, 의사선생님
고맙습니다.

겨우 겨우 집에 돌아와
"밥 먼저 드시고
약을 먹고 바르고
누우면 안 돼요 걸어야 산답니다."
간병사님 고맙습니다.

어머니의 손맛

의령 남씨 일곱 자매 중 막내딸
얼굴도 곱지만
요리 솜씨 좋기로 이름이 났던 어머니
인근 마을 잔치에는 말할 것도 없고
관공서 잔치에도 어김없이
주방장으로 초빙되셨다.

무더운 여름날에는 텃밭에서
풋고추 네 다섯 가지 물외 두엇을 따
날것은 그대로 데치고 무칠 것은 오물 조물
된장 쌈장에 까칠한 무잎으로 쌈을 싸
그 위에 묵은지 한 접시를
점심밥상에 올려주면
우리는 한 사발을 금방 먹고 나서
좀 더 먹고 싶어 껄떡거렸었다.

가을에는
멸치 냄새 찐한 잔치국수
깨소금 조금 빨간 실고추 가늘게 썰어 수를 놓아
눈 맛을 돋보이게 하고

동지 새알 팥죽과
설날 추석 떡국 솔잎 깔아 빚은 송편
어느 음식점이나 꿈길에서도
그 맛을 잊지 못한다

머지않아 어머니 곁으로 가야할 나이
꼭 물어볼 작정이다
똑같은 재료 같은 시기 같은 요령으로 조리를 하는데
어머니의 손맛은 그렇게 특별합니까.

세월이 흘러가면 모든 것 잊게 마련인데
어머니의 손맛은 어찌 잊을 수가 없습니까.
그 비법을 알고 나서야
영혼의 세계 어머님의 품속에서 잠들 수 있을 것 같습니다

찌는 듯 궂은 날이면 어머니의 손맛을 더욱 그립게 합니다.
입맛 가시는 건 잠깐이지만
감칠맛 잊는 건 영영 힘이 드네요.

비록 오래 함께 살지는 못하였으나 솜씨를 전수받은 아내도
제법 훌륭한 요리사가
되어 오늘을 잘 살고 있습니다. 이 또한 얼마나 행복한 일
입니까
어머님 감사합니다!

귀천

나 하늘로 돌아가리라
새벽빛 와 닿으면 스러지는
이슬 더불어 손에 손을 잡고

나 하늘로 돌아가리라
노을빛 함께 단둘이서
기슭에서 놀다가 구름 손짓하면은

나 하늘로 돌아가리라
아름다운 이 세상 소풍 끝내는 날
가서 아름다웠더라고 말하리라

제2부

·

구산역 1번 출구

구산역 1번 출구

서울 지하철 6호선 구산역 1번 출구에는
내가 찾아다녀야 할 곳이 다 모여 있다

병의원은 내과 외과 피부과 비뇨의학과
가정의학과 안과 치과 한의원

상설 의류, 잡화의 세일점, 식자재 도소매점,
24시간 편의점 CU와 국민의 가게라는 다이소,
역촌중앙시장이 있고

버스를 타고 1~ 2정거장 서오릉 쪽으로 이동을 하면
삼계탕, 국수집, 한식집, 중국관 등이 있다

친절한 접대는 기본이며
다른 곳에서는 주지 않는
필요한 음료를 무료제공한다

역세권 중의 역세권
응암 순환 전기차가 간단없이 태우고 내려주는
우리 동네 이름은 은평구 갈현동이다

채희재 피부과의원

언제부터인가
도시농촌 할 것 없이
주근깨, 검버섯 핀 얼굴이 보이지 않는다

어떻게 백인보다 더 밝은
성형수술을 할 수 있는지
경외심마저 멈출 수 없다

주말 오후 늦은 시간인데도
수 십여 명의 수술대기자가
줄을 잇고 있다

철마는 달리고 싶다
- 경의선 열차를 타고

분단의 속아리가 환갑을 맞는 해
열차는 오늘도 임진강가에 멈춰 서고 맙니다

더 가고픈 마음들이 붉게 물들어
망배단 앞뜰에 낙엽져 흩날리는데
열차는 달랑 세량만 달고
이름마저 시골 내음이 물씬 풍기는
화전 강매 능곡 월롱
일리 이리 삼리 길어야 사리 못 미치게 들어선
성냥갑 간이역을 콕콕 찍으며 오고 갑니다

한사람 두 사람 많아야 다섯을 넘지 않은 사람을 태우고
평화공원 통일동산 자유의 다리
오직 통일을 염원하는
겨레의 말과 글이 끈끈하게 깔린 길을

유난히 전쟁을 싫어하고
유난히 정이 많아
남보다 두 세배 더 많은 눈물을 흘리며 살아온
흰옷 노란 리본의 슬픈 사연이

이산의 아픔과 만남의 초조함이 흥건하게 고인
경의선 철도 복선공사 흙더미 속
구정물 도랑 갈대밭을 지나

시원하게 뚫지 못한 안타까움을 안고
가던 길을 그만 되돌아옵니다.

추석

푸른 하늘
하얀 조각구름이 혼자라도 외롭지 않다

보고도 그리워서
오면서 가면서 눈물로 마주하던 얼굴들이
모깃불 마당가에 모였다

촉촉하게 내리는 달빛 아래
초가지붕 하얀 박꽃이 심지를 돋우고 있다

청계천의 어제와 오늘

종로구 청운동에서 발원해서 서울 도심부를 가로질러 흐르는 도시하천인 청계천은 1955.6.25 한국전쟁 종전 당시만 하더라도 버려진 쓰레기와 오물, 폐수가 흐르고 있었으며 개천을 따라 양쪽 모래톱에는 각종 의류를 염색하는 염색공장? 염색 가마솥과 건조 장대가 펄럭이었고 비탈에는 무허가 천막촌이 들어서 있어 도시미관도 자연 공해에도 전혀 무방비 상태 아니었던가요.

그렇던 청계천이 그리 오래지 않은 이명박 전 대통령 서울시장 당시 시행한 대대적인 청계천 정화사업의 전개로 맑은 물줄기를 돌려오고 지형상 매연 악취의 흐름을 방해하는 요인으로 작용하던 고가도로를 철거 공기의 원활한 소통을 시킴으로서 떠났던 물고기가 돌아오고 시민들은 발 담그고 물장구를 치며 즐길 수 있는 오늘의 청계천이 되지 않았습니까.

우리는 여기에서 자연환경의 중요성을 재인식하고 중단 없는 공해 대책을 세워 나아가야 할 것은 물론 아울러 전 현직 지도자의 치적에 대한 공과 죄도 바르게 평가되어야 할 것이다

통곡의 미루나무

죄 아닌 죄인 되어 끌려가는 사람들
차라리 이 길 앞서
황천길이 있었으면 좋았을 것을

서대문형무소 사형장 앞에
그날을 보며
우두커니 울지도 못하는 미루나무가 있다

이 길을 따라
얼마나 많은 독립지사들이 황천으로 가셨는가.

하버드 새벽 4시 반

새벽 4시 반에도 잠들지 않는
하버드 창밖으로 불빛이 새어 나오고 있다

책을 읽고 글을 쓰는 사람
그림 그리고 건축을 설계하고
경영학, 철학을 연구하는 사람들

공부는 각각이지만 목적은 하나
세상을 밝게 생활을 윤택하게 하여
삶의 행복을 안겨주는 일

하버드, 하버드대학
당신 생각은 어떤가
새벽 4시 반에도 잠들지 않는 곳

창밖으로 새어 나오는
저 불빛을 따른다면 못 이룰 것 없으리라

파리 올림픽

더 빨리, 더 높이, 더 힘차게
경쟁을 즐겨라
지는 것은 패배 아닌
땀방울의 투쟁사일 뿐이다

40도 오르내리는 폭염에
먹는 것 잠자리 불편해도
열렬한 응원으로
힘과 기술 용기를 다하면
성과는 좋은 인연과 함께 가는 것

대한민국, 대한민국!
88서울올림픽 2002한일월드컵
우리 그날의 영광 잊을 수 있는가

새는 죽으면서도 남의 소리 내지 않고
모란, 장미, 백합. 우리 꽃 무궁화
제각각 빨갛고 노랗고 파랗고 하얀 색깔
은은하거나 톡 쏘는 향기 부드러운 마음씨를
자랑하지 않는가.

장하다 우리 선수들
가벼운 몸, 작은 키, 나이를 극복하고
기대 이상의 성적을 올리고 있는
오, 코리아, 대한민국
하느님이 보우하사 우리나라 만세!

우리의 영웅들아

나의 조국은 대한민국
조국 없이 내가 존재할 수 있나
점수에 매달리면 큰 실수
시위 떠난 화살에 연연하지 말자
무엇보다 듣기 좋은 소리
가장 높은 곳 태극기를 향하여
세계인이 따라 부르는 우리 애국가 1절

오늘 딴 메달도 내일이면 과거
다시 새로운 목표를 세워야 할 것이다

광복도 이미 팔순
이제 우리 자아실현이다.

프로야구

던지고 치고받고 달리는
야구를 좋아한다
형들이 기구를 갖추고
야구놀이를 하는 걸 보고 자랐다

함께 달리고 싶어 졸라대도
어리다고 빼놓은 시절을 지내고
이제 프로야구가 없는 날이면
소품을 잃은 것처럼 섭섭하다

안타 홈런 스트라이크 아웃
열광하는 관중 속에 나도 하나가 되어
열 올려 응원하다 욕 아닌 욕을 한다
응원팀이 실책을 하면
TV를 껐다 켜기를 반복한다.

오후 한나절을 야구 경기에 몰입하는 나
토요일 일요일이 기다려진다.
야구의 위상을 한껏 올려놓은
최동원, 선동열, 박찬호 그들이 있었기에
야구가 이처럼 번창하지 않았을까

주말 경기장이 만석이라
암표를 사야 할 형편이라니
나쁘다 말할 수는 없잖은가
답답함을 잔디구장 밖으로 멀리 날려 보내자

던지고 치고 달리며
이기는 야구가 나는 좋다

한가위

푸른 하늘 흰 구름이 처음인 듯 반갑다
하늘에는 보름달 지붕 위엔 둥근 박
두 눈으로 행복하다

아기 울음은 높은음
할아버지 웃음소리는 낮은음
오랜만에 들어보는 가화만사성(家和萬事成)이다

젖은 풀 모깃불이 어찌 이리 구수한가.

한가위 2

한가하게 그냥 먹고 즐기라는 뜻이 아니라
숨차게 달려온 삶을 잠시 멈추고
먼저 가신 조상님들의 은덕을 기리라는 뜻

송편을 안주 삼아
햅쌀로 맑게 빚은 청주 한 잔
뉘라서 싫다 할까

텃밭 골에 넝쿨째로 호박이
지붕 위에 표주박이 달덩이처럼 뒹굴고 있다

객지살이 자손들의 고급 승용차가
골목길을 메우고
마당가 모깃불 하얀 연기 아래
아들 손자 손녀 며느리들이 다 모였다

"더도 말고 덜도 말고 한가위만 같아라."
올 추석의 황금연휴는 장장 열흘이다

제3부

아내와 나

병원으로 출퇴근이다

너나 할 것 없이
여든 넘은 노인은
똑바로 걷지를 못 한다

고혈압 당뇨 손발 저림
눈 코 귀 이
어느 한 곳 성한 데가 없다

오늘은 내과 정형외과
내일은 이비인후과
모래는 안과 치과
다음날은 또 어디로 가야 할지
새벽 3, 4시 잠에서 깨어나야 알 수 있다

너나 할 것 없이
일상이 병원으로 출퇴근이다

이명(耳鳴)
- 귀뚜라미의 일생

귀뚜라미는
한 소리 수평으로
방울 구르는 소리를 한다.

고고한 선비가 시를 읊듯이
품격의 운율로

가을비 스치는 바람을 타고
기우는 햇살이 그리워지는
고즈넉한 서향의 돌담 안에서다

지닌 것
빈 날개 두 쪽으로
울퉁불퉁한 세상의 소리들을 공그르고 싶었다

어둠이 깊어 갈수록
사랑의 격조를 높이고 있다

어느 날인가
귀뚜라미는 내 귓속으로 이사를 했다.

봉창을 두드려주오

첫사랑 그 시절
동쪽으로 난 봉창을
똑똑똑 두드려주던 사람
그 사람은 지금 어디에

수줍어 붉은 얼굴로
가슴속 깊은 곳에서 꺼내주던
잘 구운 오징어 한 마리
냄새만 흘려주면 나는 어떡하라고

후회는 앞서지 않는다는
한마디 말로 핑계를 대고 말아야 하는가

미련은 미련으로 끝내야만 하는가
봉창에 귀를 대고
숨죽여 훌쩍거리는 사람

부부

두뇌가 명석하고 지혜로우며
취미가 비슷하고 부지런하고
남 돕기를 좋아하는
토끼띠 동갑내기로 만났으니 얼마나 좋을까

우리는 남남북녀로 그렇게 만나
88세를 그럭저럭 살아오고 있다
아들 손자 손녀 모두 잘 풀리는 것도
우연이라 말할 수는 없을 것 같다
삼신할미께 늘 감사하는 마음으로
오늘을 살고 있다

라오스 사람들

아침은 맨발의 탁발과
시린 손의 공양으로 열린다.

마음에 달을 품고
가난을 운명처럼
돈 되는 일보다 몸 편한 일을 찾는다.

다투기보다 피하는 길을
물 위를 걷듯 한 생각 늦게
순박한 미소가 답이다

삶과 죽음을 무심하게
초상집에서도 우는 사람이 없다

언제일지 모를
메콩강의 기적에 내일을 산다.

쏭강에 노을이 지다

하늘 푸르고 물 푸른 날은
우연찮은 행운이란다.

파랑(波浪)도 쉬며 가는 유월을 쏭강에서
귀갓길 물소떼와 물놀이를 한다는 것
모래톱에 앉아서
라오 맥주 한 잔을 나눌 수 있다는 것

나를 잊은 나
놓아버린 보트가 저만치 흘러가고 있다

* 윤대통령 라오스 방문에 즈음하여

사랑벌레

요즘 우리 주변에서
꽤나 많이 회자되고 있는 사랑 벌레는
짝 만나기가 얼마나 어려워서
사랑의 농도가 얼마나 찐하기에

나흘 밤 다섯 날을
단 한 번의 짝짓기로
단 하나의 생명을 끝내고 마는가.

인간 누구라도, 로미오와 줄리엣도 그만은 못 하였으리라.
이름도 사랑스러운 러브버드
목숨 걸고 사랑하다
목숨까지 내어주는 참사랑아

나 하나의 사랑도
오직 그대를 위하여 다했으면 한다.

생일 유감

나에게는
또래의 여느 사람들처럼
세 번의 생일이 있다

나와 역술가만 알고
그냥 지나쳐 버리는 양력 생일
어머니의 알뜰한 미역국 사랑에 이어
자식들로부터 후한 대접을 받고 있는 음력 생일

마지막으로
아버지와 읍사무소 직원이 마음대로 정하고
나는 어쩔 수없이 그날을 생일로 살아가야 하는
호적상의 생일이다

오늘이
열심히 걸려오는 축하의 메시지가
까닭 없이 슬퍼지는 그 세 번째 생일이다

세상에 이런 일이
– 어머니의 꿈

형은 고2
나는 중학교 졸업식을 며칠 앞둔
1955년 이른 봄날
둘이는 서울행 석탄 열차에 몸을 실었다

그 하루 전
진눈이 소리 없이 고샅길을 감추던 날 아침
어머니는 떠나는 우리에게
간밤 꿈 이야기를 들려주셨다

형은 눈부시게 삭발을 한 스님으로
나는 금태 모자를 쓴 경찰관으로 보이더라

그로부터 그리 멀지 않은 6, 7년 사이
형은 입산 출가를 하였고
나는 경찰관이 되어
잠시나마 어머니와 함께 살았다

나는 아직까지
그 꿈의 내연을 풀지 못하고 있다
세상에 어찌 그런 일이

소이산 전망대

넓은 평야가 내려다보이는
철원읍 관전리 소이산 전망대
1950년 한국전쟁의 유산이다

오늘의 그 모습
찾는 이의 마음을 오히려 편안하게 한다.
내일도 다시 올라 꿈속에 넣어볼거나

수락산

일요일의 인열(人列)은 만리장성이다
수락산정으로 가는 등산 행객
막무가내로 가고 또 간다
시인의 틈에 끼어 나도 따라간다

흐드러진 두견화에
가재울의 추억을 짝지어도 보고
개나리꽃 부리에 해찰도 하고
뒤처져서
서면 죽고 마는 봄바람을 깨우면서 걷는다

하산 길 포장마차에서 막걸리 한잔
나는 또 토요일과 월요일 사이에 끼었다

* 천상병의 수락산변 중에서

수학여행의 의미

시월입니다
올해의 추석 연휴는 장장 열흘
아주 특별합니다

하루 600만 명의 중국 관광객들이
남대문시장 명동거리 홍대 주변을
싹쓸이하고 있습니다

그렇다고 마냥 좋아할 일만은 아닙니다
하루를 열흘같이 부지런히 일한 덕에
한강의 기적을 이루지 않았던가요

그들이 즐거워하며 놀 때
보다 넓은 새로운 지식을
탐구해나가야 할 것입니다

먹지 않아도 배가 부르는
철원평야 콤바인의 오대쌀을 수확하는 소리에
운길산의 단풍이 미소를 짓고 있잖아요

시월

늦여름 이른 가을이 가니
시월이다

노랑 잎은 좋으나
열매는 싫다

옛날의 후한 점수
오늘은 아니다

눈이 좋아하는 것
코가 싫어하는 것

서산의 노을 지고
집으로 돌아가는
등 굽은 사람들

맛보다 먼저 감정이다

안팎을 뒤집어보면

소심한 집착(執着)은 번뇌의 근원
이것, 저것 망설이다
무엇을 이룰 것인가

흐린 날은 우산
맑은 날은 양산
하나로 집중하면 못 이룰 것 없을 것을

오늘의 폭염을 지난날의 혹한으로
안팎을 뒤집어보면 알 것이다
대처(對處)에 답이 있다는 것을

아내에게 바치는 노래

70년을 함께하며 99 88 하자더니
하나같이 병치레가 무슨 말인가
이 고통을 어찌하란 말씀인가

당신이 먼저 가면 나는 어찌하고
내가 먼저 가면 당신은 또 어찌할 것인가

멀리서 들려오는 환청 같은 노랫소리
마리아 엔더슨의 표제
"슬픔을 그대 가슴에"
'안녕이라 말하지 마세요.'를
따라 불러 당신에게 보냅니다.

Never say Goodbye! 어찌할 것인가
고운 손 아름다운 얼굴
내 가슴에는 그대로 남아 행복인데
세월에 부대낌은 피해 가지 않나 봅니다

얼마 남지 않은 시간 눈길로 묶어
이 자리에 꽁꽁 굳히고 싶어
당신 곁을 떠나지 못하고
그 숨결 따라 노래 부릅니다.

제4부

꽃은 울지 않는다

꽃처럼 살리라

꽃은 꽃이다
어느 누구의 걸작이 아니다
모습이 아름답고
마음은 정의로우며
동선은 적선이요 배려가 아닌가.
아름다운 모습
정겨운 마음씨
꽃처럼 살리라

나라는 나다

나라는 나다
첫째도 나라 둘째도 나라
나라사랑 나같이
어쩜 나보다 더 사랑해야 할
자유와 평화를 누리며 건강하게 살 수 있는 곳
내 나라

나라가 위급한데
떠나려는 사람들
그들은 어디로 갈 것인가
수많은 떠돌이 난민들
어디에서 누가 고이 받아주던가

내 나라 내 핏줄
아무리 사랑해도 지나치지 않을 것
첫째도 국방 둘째도 국방
나라는 거저 주어진 것 아니다
국방이 튼튼한 곳에 나라가 있다

나비의 꿈

나비가 꽃 위에서만
고요히 잠을 청하듯
나의 꿈은 언제나
그대의 눈동자에 꽂혀있었지

빛이 사나우면 손바닥,
우울한 날이면 우산 속으로
내 마음을 가린 채로

주는 정 오는 정이
부디 짝사랑이 아니기를

뉴스(news)

뉴스(news)는 동서남북이다

이 고을 저 고을
골, 골마다 풍속이 다르듯

여기는 이렇고 거기는 그렇게
새로운 소식을 묻고 답한다

광산 김씨 종손 할아버지 돌아가시고
경주 최씨 막내아들 손자 보았다네

네모진 제사상에 하얀 이밥
팔각상에 미역국이 걸인들의 장날이다

노인복지관, 동아리

어느 복지관이나 크게 다를 게 없겠지만
사업내용이나 규모 면에서
서울특별시 4손가락 안에 꼽히며
외국에서도 벤치마킹해 간다는
시립「마포노인종합복지관」회원들의 예를 든다

이들의 평균연령은 80세
10명 중 7-8명이 똑바로 걷지를 못 한다

허리가 구부러진 사람
갈지자로 걷는 사람
지팡이에 의존하고
워커를 앞세우고
휠체어에 실려 오는 사람
그것도 아니 되어
택시를 타거나 보호자의 승용차를 타고
멀거나 가까운 길을
작심 내왕하고 있다

그들이
무슨 물질적 구호를 받으러 오는 것은 결코 아닐 것이다

불의에 맞선 정의
거짓에 맞선 진실
한마디로 물질적 풍요가 아니라
정신적으로 건강한 나와 건강한 사회를 이루고자 하는
큰 뜻에서일 것이라 확신하고 싶다

우리 이제
거짓을 진실인 양 국민 여론을 호도하고
끼리끼리 편 가르기 싸움이나 할 때는 아니잖은가

나는 그들의 용기와
어린 양처럼 순진한 눈망울에 끌려
10여 년을 함께하고 있다

달래강의 유래

처음부터 안 되는 일이 어디 있는가

"내 사전에 불가능은 없다"
"해 보기는 해 본 거야"
나폴레옹,
정주영 회장님의 말씀이 아니더라도
긍정은 기적을 낳고
부정은 실패의 근원이라 하지 않았던가

두드려라 열릴 것이다

새들 노래하고
벌, 나비춤을 춰야 사랑이 응답하고
아가는 울어야 젖을 물리지 않던가

대왕산 용늪

산악대장의 리본만을 따라가는 길

엉킬 듯 잡풀, 쓰러진 고목들
곳곳에 이끼 낀 징검돌들이
한사코 나를 동떨어지게 한다

억새는 적당히 사나워지고
고비는 다시 홀씨를 준비하고
박새는 벌써 윤회의 길을 떠난다

염습(殮襲)을 하는 듯
이웃 동자가 초혼을 노래한다

깜짝 발을 헛디디니
준비 없는 지렁이들의 살림집이 뒤집히고
놀란 청개구리들이 물속으로 도망을 한다

살모사도 놀라 몸을 움츠리는데
꼬리긴 도마뱀은 눈만 껌벅껌벅
그놈이나 나나 아직 세상살이가 일천하나보다

대빈묘에서

가을비 내리는
서오릉 숲길을 걷는다.
다섯 왕릉을 돌아
오직 하나뿐인 묘 앞에 걸음을 멈춘다.

[有明朝鮮國玉山府大嬪張氏之墓]
유명 조선국 옥산부장희빈 지묘

궁녀로 왕비로 폐비로 사약으로
강 건너 먼 곳에 버려지듯 묻혔다가
여기에 옮겨 오기까지

숲길 모서리나마
아름드리 솔향기, 비단결 푸른 잔디
시원한 가을바람이 스쳐 지나는
이곳이 명당 중의 명당이 아니겠는가.

도라산역에서

왕회장 정씨 할아버지 소떼를 몰고 지나던
임진강변 철조망 그 길을 따라

잃어버린 반백년 생이별의 한이
가서는 돌아오지 못하던 다리를 건넜습니다

한핏줄 하나 되기를
모처럼 여기에서 희망을 안고
월드컵 세계인과 더불어 합창을 하고 있습니다

메아리는 가물가물
분단의 재를 넘지 못하고
도라, 도라, 도라산역에서
열차는 다시 남쪽으로만 갑니다

— 2002.5.31. 월드컵 개막 날에

백두산 천지에서

쉬엄쉬엄 한나절이면 충분한 길을
남의 땅 돌고 돌아
가녀린 해란강 일송정을 지나
날고 타고 달려 이틀 만에
백두산 천지에 올랐다

비취보다 아름다운 쪽빛
풀 한 포기도 받아들이지 않았는데
곳곳에 장백산이란 푯말뿐
민족의 백두산은 보이지도 않는다.

발길이 흐늘흐늘
앉은뱅이 민들레 뿌리를 벗어나지 못하고
깨진 바윗 자락 붙든 걸음
하늘의 연못이 어지럽다

반도의 반
안타까운 마음에 일행에서 벗어나
백두산 호텔에서 하루를 더 묵어
아쉬운 이별을 한다.

뱀장어

놓친 고기가 더 크게 보인다는 말
용수철처럼 튀어 오르는
그놈들을 보면 실감이 난다

개펄이 곱고 차진 곳이라야
많이 산다는 뱀장어
요즘에는 인적이 드물고
개펄이 좋은 서해안 휴전선 근처
북한강과 임진강에서 많이 나는데

어떤 물고기보다 힘이 세고 영양가가 풍부해
1kg에 5만 ~ 6만 원을 호가하고 있다

그 이름 뱀장어 만(鰻) 자는
하루에 4번을 사랑하고도
또 하고 싶다는 뜻이란다

사랑은 뱀장어처럼 할 것이다
미련 없이

백석동천(白石洞天)

낙엽 속 사발 물에
도롱뇽이 금쪽같은 알을 실었다

청개구리가 노래를 하고
맹꽁이가 장단을 맞춘다

한 발짝 물러선 사이
산간은 어느덧
기어 사는 무리들의 천국이 되었다

자귀나무 꽃 수술을 달고
보호구역 푯말과 맞선을 본다

— 백악산 자락 종로구 부암동 소재

제5부

애기봉 전망대

애기봉(愛妓峰) 전망대

높지 않은 각시봉
삼면이 잘 보이도록 가슴을 내밀고 있다
지극히 평화롭게만 보이는 북녘 마을
그 속은 어떨까
물안개 아스라이 눈을 가리고 있다

급하더라도 천천히 가시라
짧은 길을 요리저리 쇠줄로 이어놓았다
금단의 저 강
언제나 자유롭게 넘나들 수 있을까

망배단(望拜壇)에 절 세 번
평화의 종 세 번 타종으로
무거운 발걸음을 돌린다

어젯밤 꿈에

동짓달 스물 닷새 섣달 열 이래
천년의 학처럼
강릉시 홍제동 146번지
도살장 입구 언덕바지에 신혼살림을 차렸다
큰 방이 두 개 마루가 넓어
문간방을 세주고도 불편함이 없었다.
그사이 아들 둘과 족보까지 있는 강아지 한 마리
셋이서 불알을 흔들면서 고샅길을 돌아다닐 때
꽤나 많은 부러움도 받았었다
그 세월 어느새 육십 년이 가까워오니
몸도 마음도 뒤숭숭
어젯밤 꿈에 도살장 입구 언덕에 올라서서
끌려가는 소를 보고 있었다.
황소는 가기 싫어 고개를 설래 절래
앞 뒷발을 버텨보지만
이미 기력을 다한 황소는 어찌할 수 없었다.
꿈은 현실이 된다 하였는데
왜 나에게 이런 꿈을 꾸게 하는가.
아직 그 길이 보이지 않는데
나는 어쩌란 말인가

아름다운 글쓰기

글쓰기는
각자의 직업이나 처지에 따라 다르다

살아온 과거를 돌아보며
현재의 삶과 미래의 전망까지를
역사의 기록으로 남기고 싶어 한다.
자신은 물론
가족 친지 이웃과 선후배 동료에 이르기까지
공명 공감을 얻어야 할 것이다
혼자 쓰지만 여러분들이 다 함께
즐겁고 아름다운 감정을 느껴야 할 것이다

촌철살인의 한마디는 아니더라도
천상병의 귀천
"나 하늘로 돌아가리라
아름다운 이 세상 소풍 끝내는 날
가서 아름다웠다고 말하리라"

윤동주의 서시
"죽는 날까지 하늘을 우러러
한 점 부끄럼 없기를
잎 새에 이는 바람에도

나는 괴로워했다"에는 못 미쳐도 버금은 가야 하지 않겠는가.

발표작은 모름지기 오래 기억될 걸작이라는 평을 받아
각종 문학지 등에서 큰상도 받고도 싶을 것이다
나는 초등학교 5학년 때 전교생 글짓기 대회에서
1등 당선 어머니까지 모셔와 1600여 명의 학생들 앞에서
교장선생님으로부터 대상을 받았던
그 황홀한 감동을 지금까지 잊을 수가 없다.

글쓰기는 삶의 공부
노인들 치매까지 예방이 된다니 앞으로도 더욱 열심히 글을 써야겠다.

우선 나를 공부하라
long run 하려면 long learn 해야 한다고 한다. 특히 이런 격변 시대엔 계속 배워야 산다. 배움의 세 가지 기둥은 많이 보고, 공부하고, 겪는 것이다. 옛날에는 공부를 구도(求道)라 했다. 공부란 세상에 대한 올바른 인식과 자기 성찰이다. 논어의 위기지학(爲己之學)도 같은 차원으로 자신과 세상을 변화시키는 가장 확실한 길임을 제시하고 있다. 결국 공부란 나답게 살아가는 삶이 가장 아름답고 행복한 길임을 증명하는 최선의 방법이다. 누구나 평생 학생이 되어야 하는 이유다. "살아있는 한 계속해서 사는 법을 배워라" 세네카의 말이다

이동규 – 경희대 경영대학원 교수

억새의 노래

꽃이라 부를까
풀이라 이름할까
뒷말을 잇지 못한다.

논 밭둑 개천가 산등성이 어디든지
잘 낳고 잘 살아가는
억새꽃 억새꽃아

예리한 너의 손의 영롱한 이슬
불타는 정열이 아니라도 좋다

쓸쓸한 가을
사나운 겨울을 슬기롭게 보내고
사철을 배부르고 고요하게 살아가는
억새꽃 억새풀아

아침놀에 사랑 펼치고
저녁놀에 평화 심어
영원을 살아가는
억새꽃 억새풀아

오늘이 있기까지

아시나요.
오늘이 있기까지 우리가 얼마나 많은 고통을 겪어야 했는지

"새거리"를 벗어나자
젊은 학도의 농촌계몽4H운동
좀도리 운동
새마을운동
경제개발 5개년 계획
수출 진흥의 날 지정
k-컬처 운동
세계경제 10위권 진입

대한민국의 오늘이 있기까지 얼마나 많은 고통이 있었는지

연미정(燕尾亭)에서

우리의 소원은 …
이어지는 뒷말은 통일입니다
힘이 부치고 억울함을 당할 때 더욱
이 노래를 부르고 싶었습니다.

고향이 손닿을 듯, 한곳에
두 물이 하나로 흐르면서도
남은 북으로 북은 남으로
오고 가지를 못한지 벌써 반백년을 넘기고
또 25년이 지났습니다.

천척의 나룻배 흔적 없고
따라 날던 갈매기들 날개 접어
기러기도 길을 비껴가는, 월곶
흙탕물로 막힌 채 텅 비었습니다

오백 살 당산나무는
침묵이 더없는 보시라는 듯
혼자서 노래를 부르고 듣게 합니다.
"당신은 무슨 일로 그리합니까,
홀로 이 개울에 나와 앉아서"…

이 같은
통한의 세월은 언제나 끝이 날까요.

천년의 느티나무도 기다리다 지쳐 쓰러지고
날아든 제비들의 지저귀는 말
아무도 알아듣지 못합니다

우산

태어날 때부터 어머니는 종이었다.
가진 자의 손바닥을 벗어날 수 없었다.
쏟아지는 장대비를
휘몰아치는 눈보라를 온몸으로 막아야만 했다
생애 단 하루라도
자신을 위한 날은 없었다
어머니는 오직 가족만을 위하여
우산처럼 살다가 우산처럼 가셨다

운명은 주어지는 것

살아가는 날들이 어찌 즐겁기만 하겠는가.
나이 들어
팔 다리, 머리, 허리
쑤시고 아프고 결리는
고통을 어찌할 것인가
이웃을 원망하고
나를 내몰아 무엇을 구할 것인가

운명은 주어진 것,
순하게 받아들이고
스스로를 극진히 사랑하는 길
아모르파티

* Amor Fati = Love one's fate

유월이 오면

유월이 오면
슬픔이 파도처럼 밀려옵니다

초등학교 5학년
인민군대에 교실과 운동장을 내주고
흑판을 메고 이웃 마을 공회당으로 가야 했습니다

큰형은 끌려가서 인민군
작은형은 학도지원병
아버지는 논고뿐인 인민재판을 받습니다

그날이 오면
기억하고 싶지 않은 악몽이
탱자나무 가시처럼 돋아납니다

금낭화의 물방울은 눈물이고
두견새의 울음소리는 핏물이라 들었습니다
우리는 이미 알고 있습니다

일할 수 있는 낮이 길고
쉬어야 할 밤이 짧다는 것을

재난은 때가 없고 칼날에 눈이 없다는 것을
우리 어찌 1950년 6월 한국 전쟁을 잊을 수가
있겠습니까
이렇게 이뤄놓은 강토를 다시 빼앗길 수는 없잖
습니까.

월출산(月出山)

작지만 단아하다
전라남도 영암과 강진 사이 월출산은
백두산, 금강산, 두타산, 태백산, 지리산, 한라산보다
격 높은 천황봉(天皇峰)이다

세 번을 오르면 소원 하나는 반드시 이뤄진다고 한다.
억새꽃 흐드러진 출렁다리를 지나
꼭대기에는 사철 마르지 않는 우물물이 고여 있다.
보면서도 믿기지 않는 하늘의 조화
들머리에 천황사(天皇寺)
퇴로에 국보급 도갑사(道岬寺)와 무위사(無爲寺)가 있다

오르는 사람, 내려오는 사람 모두 모두 복 많이 받으십시오.
2025년 새해가 밝았습니다.

유튜브(youtube)

유튜브 (youtube)
허구인지 진실인지 알 수가 없다

세상이 금방 어찌 될 것 같고
댓글이 몇 만개가 붙었다 하나
현실은 그렇지 않으니 믿을 수가 없다

광고도 허위라면 처벌의 대상
한 두 사람의 우롱에 전 국민이
기절할까 두렵다

누구, 누구는 거짓말해도 괜찮단 말인가
법은 만인 앞에 평등이라 했는데

일기예보

요즘 일기예보
십중팔구가 빗나가고 있다
전국적인 호우경보에도
강남은 폭우
강북은 폭염이다

은평은 곳에 따라 맑음
강릉은 식수마저 턱없이 부족하다
가난은 임금님도 못 말린다는 옛말처럼
재산세는 공시지가다

제6부

·

우리나라 좋은 나라

우리나라 좋은 나라

산이 좋고 물이 좋고
- 치산, 치수, 농지의 관개시설
인심이 좋은 금수강산이다
- 앞장서는 재난구호 불우이웃돕기

선거권 피선거권 공무담임권
종교, 언론, 출판, 집회 결사의 자유
기본권이 확실히 보장되는 자유민주주의다
- 형사 피의, 피고인의 권리 보장
남녀, 노소, 직업, 교육 등 기본 인권이 완전 평등이다.

국민 건강관리 제도의 선진
- 세계인이 부러워하는 국민건강보험제도
- 공항, 지하철, 도로의 쾌적한 교통질서 및 편의 제도
- 버스 환승 제도, 노인 지하철 탑승 고궁 탐방 등 무료
독거 기초 생활수급 등 경로 효친 사상의 모범 사회다.

학업 올림픽선수(academic olympians)의 할머니

지금까지도
나는 아내에게 미안해
고개를 들지 못한다.
유산하나
축의금 한 푼 없는
시댁을 얼마나 아쉬워했을까.

그보다
연년생 두 아들 양육비
전월세, 교육비는 또 얼마나 어려웠던가.

그러나
한 번의 재수 없이
지구촌 일류 대학의 석박사
원하는 직업에 척척 골인하지 않았는가.

이제 우리 둘
만인의 축복을 받는
할아버지 할머니가 되지 않았는가.

한글

글자의 크기가 같고
소리도 하나다

너는 너 나는 나
생긴 대로 놀면서도
힘들면 쉬고 바쁘면 달려가는
고저장단의 운율을 맞춘다.

한 핏줄 끝까지 맥을 이어
600년을 앞서가는
세계 제1의 문자 과학이다

말 나오는 대로
글 나오는 대로
옮겨 쓰고 받아쓰고

하늘의 별
땅 위의 꽃
표현하지 못할 게 무엇인가

씹을수록 진 맛 나는 예술
읽을수록 살맛 나는
사람의 말, 사람의 글
우리나라 말 한글이 아닌가

하늘의 은혜

폭염, 폭우, 긴 가뭄을 차례로 물리치시고
갈라진 논바닥에 단비를 적셔주시니
정말이지 이제 살 것 같습니다

이러지도 저러지도 못하고
앓기만 하던 사람들
행복이 두 배, 세배, 은혜로운 마음입니다

가없는 큰 사랑을 무엇으로 갚아야 할지
가슴에 불을 지펴
무쇠도 녹아내릴 것 같습니다

2월의 덕유산

백설기 떡시루를 엎어놓은 듯한
두툼한 솜이불을 덮고 누워
행복이 푸짐하게 다가오는 산

물안개가 흐르듯이
앙상한 가지에 눈보라가 휘날려도
상고대와 얼음 꽃은 시리도록 아름답다

사방이 온통 산의 바다
일렁이는 봉우리들을
겹겹이 감싸 안은 산

삭풍이 몰아붙인 눈 더미 속에
복수초 어린 꽃대
서둘러 고개를 내밀었다

3. 1절

아무리 어둡고 괴로워도 그날만은 못하리라
기미년 3월 1일 정오
터지자 밀물 같은 대한독립만세
적군의 총칼 앞에 두려움이 없었다.

오늘은 3.1절 506주년
이화 외고 앞 유관순 활동 터에서
그날을 회상하며 마음을 조이고 있다.

북핵은 시공 없이
남북을 겁박하고
남남은 진보다 보수다 저 모양 이 꼴이니
우리 내우, 외환을 어찌할 것인가.

정의사회

남의 불행이 강 건너 불이 아니다
진실을 사랑하고
나와 나라를 먼저 생각하는

스스로의 봉사활동이
오히려 내게 행복한 삶의 의미를 느낀다고 한다.

뭔가를 깊이 생각하고
이루어질 때까지 기다려주는 마음이
우선이어야 할 것이다

내가 좋아하는 것
남이 싫어할 수 있다는 것도
알아야 하고

사랑하면 사랑받을 것이며
믿는 자 구원을 얻을 것이다

자연의 순리

아가는 엄마 품에
노인은 공경하며 모시는 게 으뜸
우마는 마구간 돼지는 우리에
닭은 닭장 개는 개집에 살게 하는 게 순리

꽃과 나무는 정원에
햇볕 좋은 곳 마르지 않게 물을 주고
아침저녁으로 문안인사를 나누는 재미
얼마나 잔잔한가.

견문을 넓히려면 이웃나라 먼 나라
여행을 많이 하고
교과서 신문 잡지 등 새로운 뉴스를 접할 수 있는
독서를 많이 하고 이를 익혀

자작 멋진 시 몇 편 정도는
맛깔스럽게 낭송은 할 수 있어야
사는 맛을 느낄 수 있다

어지러움 다스리는 데는
동서양을 막론하고 명상이 최고
붐이 일어나고 있음을 보라

프란치스코 교황의 말씀처럼
용서하는 자 용서받을 것이다
나를 먼저 사랑하고 원수를 사랑하고
인류와 고통을 나누면
평화는 영원하리라 하지 않으셨는가.

생로병사 자연의 순리대로 사는 자가
인간 최대의 행복을 누릴 수 있을 것이다

지나간 세월

산들바람
사이사이
스치는 듯 새어나간
세월
미처
다듬을 길 없었음이 아쉬워라

지리산

산은 티 없이 맑고 푸르러
겹겹이 열두 폭으로 규방을 감싸안고

물은 양단수 골골 회 돌아
봄 도화 가을 배롱 세석에서 철쭉을 태운다

운해는 나절이 지나도록
한가로이 머물러 꽃술을 간질이고

천왕은 하늘을 펼치고
지혜가 남다르게 지리(地理)를 보우하니
산천은 살이 찌고 인걸이 빼어난다

남명(南冥) 선생 예를 일러 무릉이라 이르고
성철스님 세월을 격해 화답을 한다
"산은 산이요 물은 물이다"

지하철에서

여자에게
- 취한 척 기대지 마세요.

남자에게
- 그렇게 쳐다보지 마세요.
  내 몸에 닿지 않게 바로 앉아주세요

모두에게
- 몰래카메라는 절대 안 돼요.

차례로 줄을 서서
안전하게 타고 내리세요.
세계가 부러워하는 쾌적한 우리의 지하철입니다.

집회 및 시위 문화를 정착시키자

국민의 국민에 의한 국민을 위한 정치는 링컨의 연설 중에서 가장 깊이 있게 민주주의를 평한 명연설이다. 한 국가의 주권은 특정 개인에게 있는 것이 아니고 국가에 속한 모든 국민에게 있으며 현재 모든 국가들이 대부분 받아들이는 정치 이념이다. 몇 몇 공산주의 나라는 이와는 정반대인 것 같아도 이념만큼은 비슷하다. 다만 주권이 국민에게 있어 모든 것이 평등하다고 주장하면서도 몇몇이 권력을 쥐고 독재정치를 한다. 그러나 여기에 함정이 도사린다. 국민에게 주권이 있다는 주장을 그대로 받아들여 아무렇게나 자기주장을 하면 안 될 것이다. 주권이 있는 만큼 그에 따르는 의무가 있다는 것을 알아야 한다. 나라는 개인의 것이 아니고 국민 모두의 것이므로 모두를 위한 헌법과 도덕적인 의무가 있다. 이것을 한 치라도 위반한다면 민주는 무너지고 혼란이 판치는 무정부 상태가 되어 민주가 아닌 혼란의 독재가 될 것이다. 법은 약속이다. 약속은 상식을 벗어나지 않는 서로의 존중에서 시작되며 그것을 명문화 한 것이 법전이고 주권을 가진 국민은 그것을 지켜야 하는 의무가 있는 것이다.

데모와 집회는 자유다. 누구나 자신의 주장을 내세울 수 있으며 집단을 이뤄 외칠 수가 있다. 그러나 어디까지나 헌법과 도덕적인 양심을 벗어나지 않는 집회여야 한다. 이것은 누구나 아는 사실이고 여지것 지켜져 왔다. 허나 일부 과격분자들이 문제다. 현실 정체에 불만이 있다고 정정하라는 요구는 얼마든지 가능할 것이나 극렬한 행동으로 선동하고 폭력적으로 변한다면 집회가 아니라 폭도다. 헌법은 왜 존재하는가. 자신의 주장이 받아들이지 않는다고 시위를 폭력으로 행사한다면 범법자일 뿐이다.

우리는 멀리 3.1 독립 운동을 시작으로 3.15 부정선거 4.19, 5.16, 5.18. 광견병. 세월호 참사 등을 비롯한 데모(집회 및 시위) 과정에서 얼마나 많은 무자비하고 극렬한 행태를 벌여 왔는가. 일부의 성과를 무시할 수는 없지만 그런 광경을 직접 겪어온 세계에서 유일한 나라다. 그때마다 낭비된 국력을 회복하는데 얼마나 큰 힘을 쏟았는가를 생각한다면 그런 과격한 시위가 남긴 역사의 부끄러움을 다시는 일으키지 않아야 옳다. 하지만 지금의 상태는 옛날과 다름없이 돌아가는 게 문제다. 평화로운 시위라면 경찰력이 동원될 필요도 없고 태극기와 각종 깃발이 펄럭이는 장면에 박수를 보낼 것이다. 질서를 위반하여 유도하는 경찰에게 무자비한 폭력을 행사하고도 그 책임을 경찰에게 돌려 정치적인 이득을 보려하는 장면에 국민들의 피로 도는 산을 덮는다. 그것을 진압하는 경찰에 폭행을 가하여 인명을 살상하고 투석, 화염병 투척으로 공공건물을 파괴하고 차량을 불태우는 등 그 무법적인 폭력행위가 세계의 유례를 찾아볼 수 없는 지경에 까지 이르지 않았던가. 우리는 민주주의를 외치며 나라를 운영하고 평화롭게 살기를 원하는 선량한 국민들을 보유한 민주국가다. 얼마나 자랑스럽고 위대한가. 그것을 잊고 자신의 주장이 받아들이지 않는다고 폭도로 변한다면 나라의 미래는 없다. 우리는 세계 10대 선진국에 든 민주국가다. 그것의 자부심을 조금이라도 가졌다면 국민의 국민에 의한 국민의 정치를 오도하지 말고 헌법에 명시된 약속을 지켜나가야 세계 제일의 국가를 이룰 수가 있다. 그 기반은 국민 전체가 질서를 지키고 기다릴 줄 아는 의연함을 가져야 한다. 불같은 성격의 민주주의는 세계 어느 나라에도 없다는 것을 명심하고 폭력이 난무하는 시위와 헛된 주장을 펼치는 탈법적인 집회는 없어야 한다. 이 길이 평화로운 나라를 만드는 기본이다

낙엽 따라가버린 사랑

패티 김 가을에 떠난 사랑,
차중락 낙엽 따라가버린 사랑,
배호 돌아가는 삼각지

인생살이 길어야 100여 년인데
그들은 하나같이
돌아가라 떼 창을 하는가

송대관은 저 푸른 초원 위에
그림 같은 집을 짓고
임과 함께 한 백년 살고 싶었는데도
여든을 못 넘기지 않았는가

마음을 느긋하게
울며불며 살아도 좋을 것을

U. N의 날

오늘은 1945년 '샌프란시스코'에서
국제연합을 조직한지 80년이 되는 해다

6.25 한국전쟁으로 인한 사망자는
300만 명이 넘는데

신문 방송할 것 없이
이날을 기리는 곳은 한 군데도 없다

이들이 아니었으면
오늘의 대한민국이 어떻게 존재했을까

잊을게 따로 있지
이날을 되겠는가

다시는 전쟁의 참화를 입지 않겠다는
굳은 결의라도 해야 하지 않을까

제7부

금와보살

금와(金蛙)보살

검버섯 삼층석탑
해찰같이 그어놓은 틈새에
금와보살 내외분이
안거를 해제하셨다

눈을 귀처럼 세우고
재 넘어 북쪽의 쉰 소리
노스님의 법문 소리

죽었다 살아난
잃었다 다시 찾은
비로나자불을 향해
서서히 다가가고 있다
피안에의 꿈길이 이어지고 있다

– 철원 도피안사에서

산 목련

진관사 독성각 옆구리에
산 목련 한 그루 신선하다

몸은 근육질
기운이 조화롭고
마음은 평정으로 흐른다.

훗날의 문질(文質)을 예고하는 듯
태어날 때 벌써
붓을 들고 나오는 봉오리들

은근하게 살이 오른 녹두 잎들과
신비스런 연옥의 향기로 도량을 밝히고 있다.

원진사(院津寺) 연꽃밭에서

색깔로 보나 심성으로 보나
어디에 이보다 아름다운 꽃이 또 있을까
뿌리는 구정물을 맑은 물로,
빨갛고 파랗고 노랗고 하얀 깃발
잎은 아가처럼 은방울을 굴리고 있다

오직 진실만을 탐구하리라
정진(正眞) 스님 산문을 창건하고,
신앙을 더욱 굳건히 하리라
정신(正信) 스님 대를 이어가고 있다

멀지 않은 흑석산을 바라보며
소담한 연지(蓮池) 문학관을 세우고
이심전심 해탈문 심장에 기를 꼽고 싶다

인간과 종교

우리말 사전에 종교란 일반적으로 초인간적, 초자연적인 힘에 대해 인간이 경외, 존숭, 신앙하는 일의 총체적 체계라 적고 있다.

여기에 더하여 나는 종교란 첫째로 선행, 즉 착한 삶을 요구하고 요행이나 지나친 욕심을 금하며 둘째로 나만의 행복을 추구함이 아니라 우리 모두와 삼라만상에 이르기까지 사랑과 행복을 기원하고 셋째 우리의 삶이 재앙의 순간적인 모면이나 찰나의 영광이 아닌 영생을 믿고 따르는 신앙이 되어야 할 것이다

우리가 절에 가서 부처님을 뵈면 눈은 옆으로 길게 찢어진 실눈이고 얼굴은 무표정하여 어지간한 기도에는 좀처럼 감동하지 않으실 것 같다. 불교는 종교라기보다는
수양이나 깨달음의 도리, 자신이 깨닫지 전에는 부처님의 표정을 읽을 수가 없어 내 생전에 웃는 모습을 뵐 날이 있을지 감감하다

하기야 요즘 세상 돌아가는 꼴이 부처님도 화가 나서 돌아앉고 싶으실 것이다 어디

부처님뿐이시겠는가, 하느님께서도, 공자님도 지상에 내려오셔서 호통을 치고 싶지만 중생들이 반성하고 돌아올 때까지 봐주고 계신 것은 아닐까 사랑하는 자식이 뉘우치고 용서를 간절히 비는데 용서하지 않을 부모가 어디 있겠는가. 무조건 빌어 큰 효험을 보았던 나만의 이야기가 있다.

어느 해 초겨울 승진 시험을 보기 위해 절에 들어갔다.
어렵게 3일간의 휴가를 얻어 열심히 공부를 해야 하는데 쏟아지는 잠 때문에 집중이 되지 않는다. 원효대사의 수행기를 떠올리며 토굴에서 정진을 해도 소용이 없었다. 눈꺼풀과 싸우다가 삼경에 이르렀을 때 법당에 들어갔다 한밤중이라 부스럭거리는 소리도 신경이 가는데 부처님이 계신 곳은 무척 음산하다 우선 촛불을 밝히고
향을 사른 후 합장을 하고 부처님을 쳐다보았다. 순간 부처님의 음성이 울렸다
너 이놈! 어리석은 중생아, 일상을 참된 수행의 길로 매진할 것이지 순간의 요행을 바라고 여기에 왔느냐? 네가 바른 생각으로 돌아올 때까지는 어림없다. 엄하게 꾸짖는다.

나는 지금부터 회개하며 착하게 살겠다고 무조건 108배를 올렸다 무릎에서 피가 나고 허리가 끊어지게 아파도 합장배례 후 부처님을 바라보니 이번에는 빙그레 웃고 계시지 않은가 부처님의 자비로운 얼굴을 떠올리며 방으로 돌아와 열심히 공부한

결과 우수한 성적으로 합격의 영광을 누릴 수 있었다 어쩌면 아는 문제만 출제되어 무난히 통과할 수 있었지만 부처님께서 도와주실 것이란 믿음 때문에 더욱 쉽지 않았나 싶다

요즘처럼 혼란스런 세상에서는 더욱 인간과 인간, 인간과 신과의 상호 신뢰와 경애의 믿는 생활이 절실하며 자신의 절대자에게 용서와 구원을 간절히 빌어야 하지 않겠는가. 그동안 우리가 저질렀던 죄를 면제받기 위해서라도 어린 아기 같은 착한 마음으로 108번의 절이 아니라 1080번의 절이라도 하며 간절히 기도할 일이다
용서하는 자 용서받을 것이며 믿는 자 복을 받으리라.

신통한 나의 꿈

나는 손자와 손녀가 한 명씩 있다. 손자는 한발 앞서 자신이 원하던 명문대에 입학 전 과목 만점으로 달리고 있는데 입시를 앞둔 손녀는 오빠에게 뒤질세라 안달이다. 하지만 내가 할 수 있는 것은 오로지 기도뿐이라 그날도 간절히 기도하다 잠이 들었다. 비몽사몽간에 들려오는 소리

"잠언 46을 보라"
나는 깜짝 놀라 서가에 꽂혀있는 성경책을 얼른 펼쳤다.

Proverbs 4 - 6

Do not forsake wisdom, and she will protect you;

love her, and she will watch over you.

잠언(箴言) 4 - 6

지혜를 버리지 말라, 그가 너를 보호하리라

그를 사랑하라, 그가 너를 지키리라

국교도 아닌데

우리나라 절집은
왜 그리 나라사랑을 강조할까
수국사, 흥국사, 진관사, 봉국사, 불국사

독립운동의 수장 만해 한용운,
승병장 사명대사, 의병장 서산대사
지축을 흔드는 그분들의 거룩한 울림이
오늘의 대한민국 아닌가.
반만년 역사의 민국이여 영원 하라

진관사(津寬寺)

한양 근교의 4대 사찰은
동, 불암 서, 진관 남, 삼막 북, 승가사라 했다

특히 진관사는
북한산 매봉으로 오르는 들머리의
비구니 사찰로 1,000년의 역사와
수륙재로 유명할 뿐 아니라

얼마 전 이재명 대통령께서 영부인과 함께
이곳에서 국태민안을 기도하시면서
여기서 이렇게 살고 싶다고 말씀하시어
더욱 유명세를 타고

3.1독립운동 당시의 태극기를 보존하고 있어
요즘 서울 도심에서 널리 게시하고 있다

팔정도(八正道)

부처님 말씀에
깨달음과 열반으로 이끄는
수행의 길에 팔정도가 있다

정견(正見), 정어(正語),
정업(正業), 정명(正命),
정념(正念), 정정(正定)
정사유(正思惟), 정정진(正精進)

나는 정어(正語)에 그 중심을 두고 싶다
마음에 상처를 주지 않는
있는 그대로의 말

한로(寒露)

지팡이 2개로 비틀거리며 걷는 노인
찬비도 불쌍하게 보았는지
가다 서기를 자주 한다

길에는
가로수도 팔이 잘려 빈 몸이고
가리게 나 처마도 없다

집은 멀지 않으나
마중할 사람 없는 독거노인이
누구에게 구원을 요청할 것인가

그래도 슬퍼하지 말라
햇살 가득한
하늘이 있잖은가

나 하늘로 돌아가리라

보고, 듣고, 느낄 뿐
손끝, 발끝, 머리 쓰는 일은
아예 멀리하리라

"아름답게 늙는다는 것은
예술이다"라는 말이
머릿속을 헤집고 있으니

나 이제
하늘로 돌아가리라
본향 행 12열차에 몸을 실었다

아름다운 이별

추수가 끝나면
문전옥답도 빈 들판이듯
또래들 하나 둘 떠났다는 소식
슬픔은 배가 된다

여덟 새끼들 모두 분양을 마친
여덟 살 댕댕이가 부럽다

금쪽같은 내 새끼

외로운 노인에게 가장 즐거운 때는
금쪽같은 내 새끼
손자를 보는 순간일 것이다

울어도 예쁘고 웃으면 더 예쁘고
품속으로 파고들 때면
누구보다 행복한 자신이 된다

한숨 쉬며 먼 산 보지 말고
품 안의 내 손자를 보소
열배 스무 배의 행복을 맛보리라

경찰을 보는 국민의 눈
- 2025년 10월 20일 월요일

10월 21일은 경찰관들의 헌신에 감사하는
'경찰의 날' 입니다

한쪽 어깨가 젖어가도
국민을 위한 우산이 되어주고

보이지 않는 곳에서도
국민 곁을 지키는
울타리가 되고

국민의 평온한 하루를
지키기 위해 뛰고 있는
13만 명의 경찰관 여러분

고맙습니다.

경찰의 날 80주년
그 변함없는 헌신을 기억하며
KB금융그룹과 국민이 함께하겠습니다.

Korea Better
KB금융그룹

사랑과 영혼

사랑이란 말없이
노래는 어이하며
소설은 어찌 쓸까요

하루살이 하루
사랑벌레 사, 나흘
매미 일주일
내내 사랑을 노래하다 떠나가는 곳

하늘 길 여닫이를 주관하는 염라대왕님
먼저 간 우리임을 거기서도 사랑할 수 있게
큰 은혜 베풀어 주시옵소서

사랑합니다
목 놓아 불러 봐도 대답 없는 임이시어

에/필/로/그

희망의 메시지

 문학을 함께한 지도교수님 선후배 동료들에게 깊은 감사의 말씀을 올리고 싶다.
 하나를 배우면 10배의 즐거움이 둘을 익히면 20배의 행복이 따라오고 있음을 느낄 수 있었다.
 언제일지는 몰라도 내 삶의 셔터가 내려지는 그 날까지 손끝을 다 할 것이다.

양희봉梁熙琫의 가계家系
(본관本貫 : 남원南原)

고조高祖 : 재봉在鳳 - 가선대부嘉善大夫
증조曾祖 : 진석鎭錫 - 통정대부通政大夫
조부祖父 : 승식承植 - 문사文士(松庵)

부父 : 병태炳太 + 모母 - 남복달南福達

희봉 : 熙琫 + 최정한 : 崔貞閑

웅雄 + (신희수 申喜琇) 일日
광재 光材 . 인서 仁瑞

시와 함께하는 여행
하늘의 은혜

초판 인쇄   2025년 11월 3일
초판 발행   2025년 11월 7일

지은이 양희봉
발행인 임수홍
편 집 맹신형

발행처 한국문학신문
주 소 서울 강동구 양재대로 114길 32 2층
전 화 02-476-2757~8   FAX 02-475-2759
카 페 http://cafe.daum.net/lsh19577
E-mail kbmh11@hanmail.net

값 15,000원

ISBN 979-11-7437-008-2

· 저자와의 협약에 의해 인지는 생략합니다.
· 이 시집의 글은 저작권법에 따라 보호를 받는 저작물이므로 저자와 출판사의 동의 없이는 무단 전재 및 무단 복제를 금합니다.
· 잘못된 책은 바꾸어드립니다.